SMART COOKIE KID

IV

pour les enfants de 3 à 4 ans

Mary Khalil
Baha Kodir

PRÉFACE

Ce cahier de développement propose une variété d'exercices captivants conçus pour améliorer l'attention, la concentration, les intelligences multiples, la mémoire visuelle, les compétences motrices, la pensée critique, les capacités d'apprentissage, la résolution de problèmes, la créativité, et bien plus encore chez votre enfant. Pour des résultats optimaux, nous recommandons que les enfants effectuent ces activités de manière séquentielle et régulière, avec l'encadrement d'un adulte. Chaque exercice de ce livre divertissant et stimulant l'attention est accompagné d'instructions claires. Il n'y a pas de limite de temps spécifique pour chaque exercice. Ce qui est le plus important, c'est que votre enfant apprécie de concentrer son attention tout en résolvant des problèmes et en acquérant de nouvelles compétences.

Si votre enfant trouve les instructions confuses pendant une activité, il est important de clarifier ces confusions avec une explication simple et compréhensible ou en fournissant un exemple. Les encouragements verbaux positifs sont une excellente manière de motiver votre enfant lorsqu'il réussit à accomplir les exercices. Par exemple, vous pouvez dire : "Tu fais un travail incroyable !" ou "Tu es incroyablement génial(e) !"

Le livre présente des illustrations charmantes créées avec soin et expertise, spécialement conçues pour captiver l'imagination des enfants. Ces œuvres d'art délicates sont le résultat du talent d'artistes professionnels.

De plus, nous avons inclus des pages de jeux divertissants pour offrir aux parents des moments de qualité à la maison avec leurs enfants. Ces jeux amusants sont sûrs de créer des moments mémorables et de favoriser une connexion forte entre vous et vos petits.

Dessinez la façon dont le parachutiste saute hors de l'avion en traçant la ligne droite.

Trouvez et marquez ce qui est utilisé pour ramasser le livre sur la bibliothèque.

Dessinez la partie manquante du tableau que l'artiste a oubliée.

Faites des exercices oculaires en suivant les lignes avec le bébé.
Répétez l'exercice au moins 5 fois.

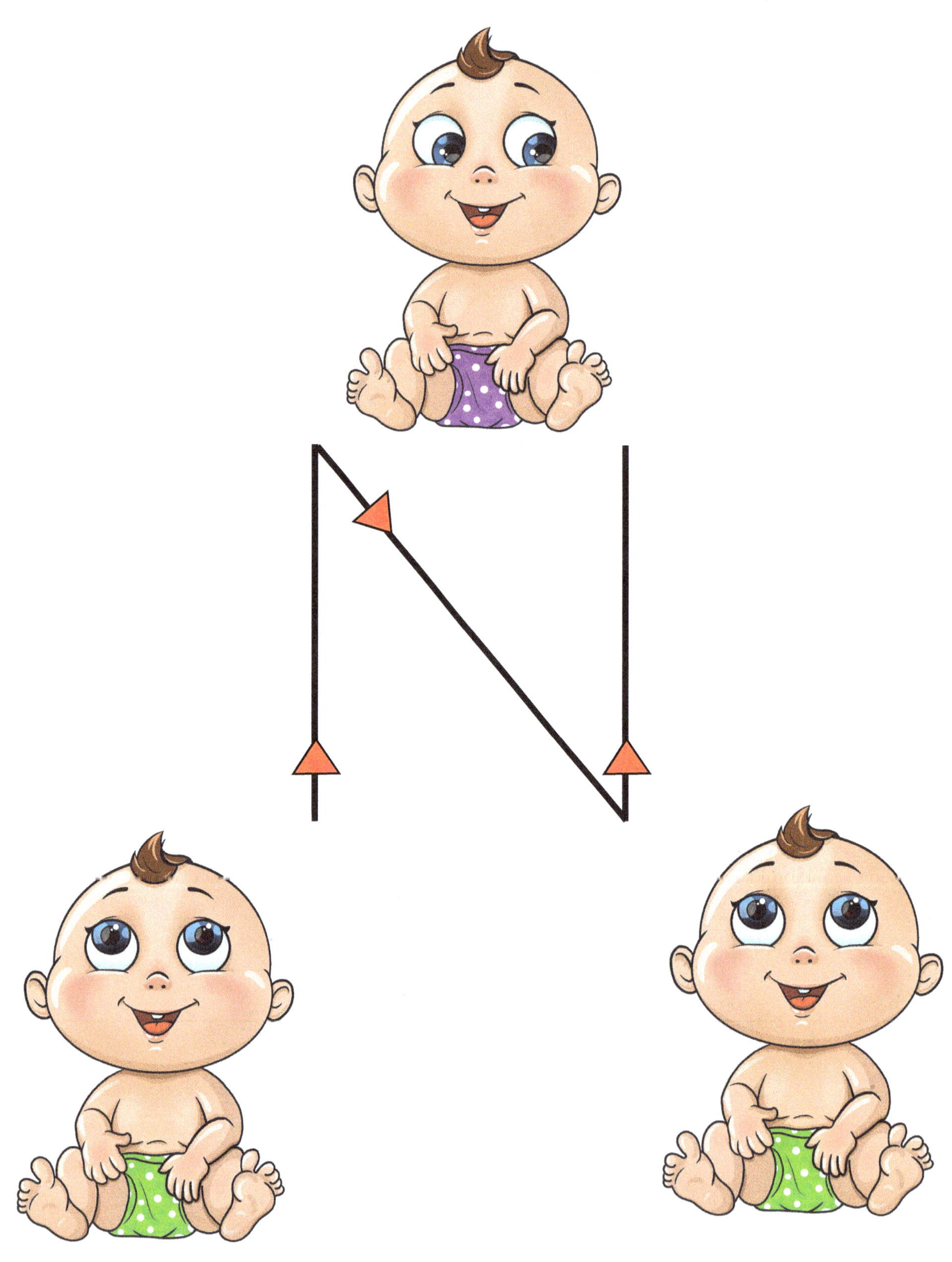

Dessinez les symboles et assurez-vous que les deux côtés
doivent être de la même couleur.

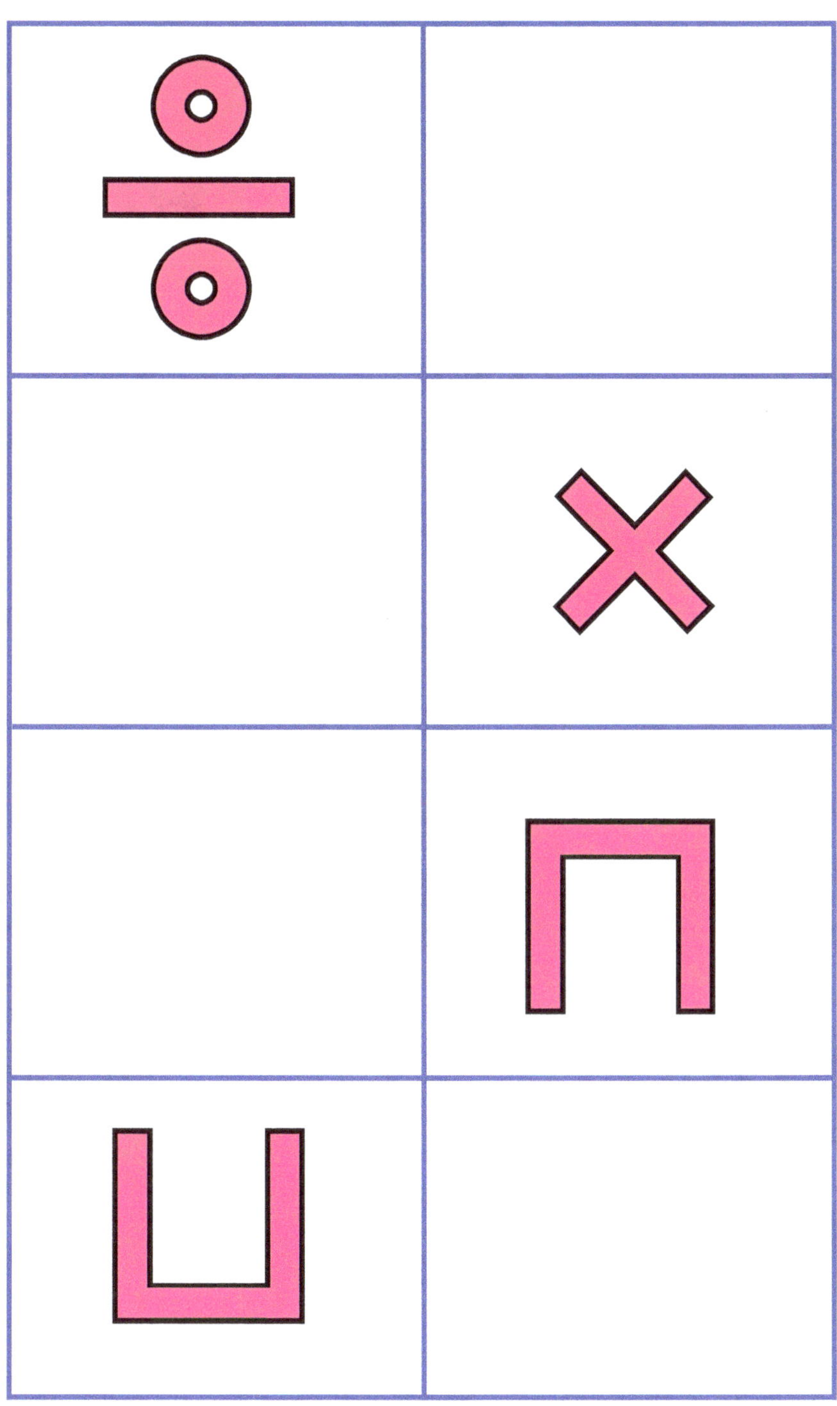

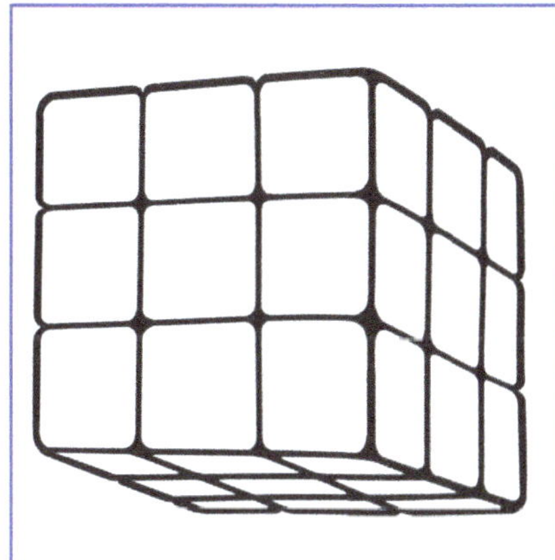
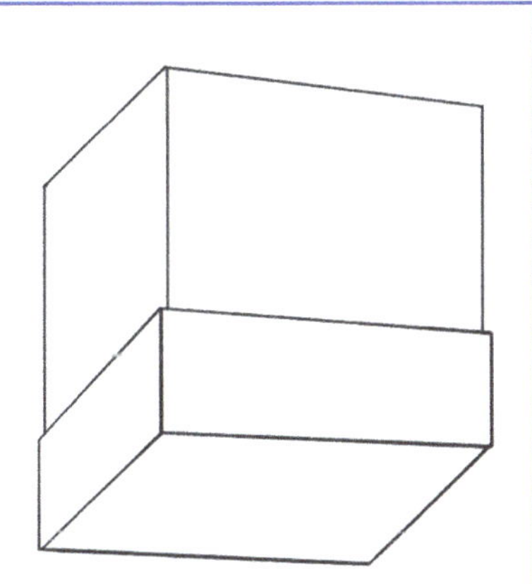
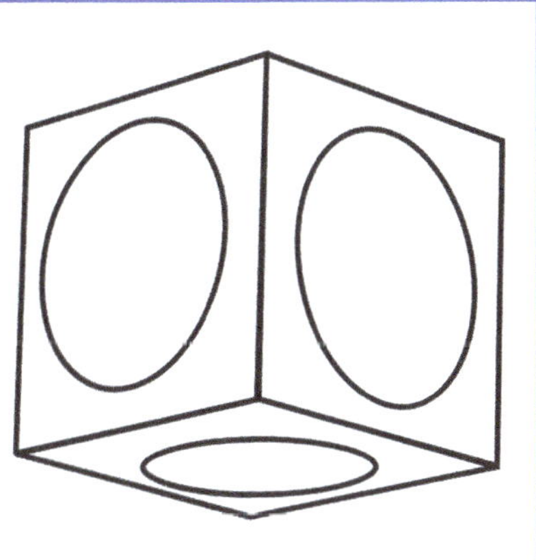

Trouvez et marquez à quel symbole ressemble le requin.

Dessinez les symboles et assurez-vous que les deux côtés
doivent être de la même couleur.

15

Trouvez et marquez quel animal vit où.

Placez les parties manquantes du désert indiqué sur l'image.

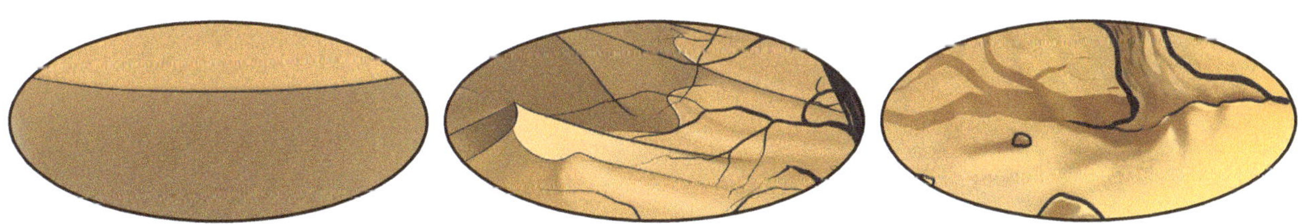

Trouvez et marquez lequel des objets ci-dessous appartient à la facteur.

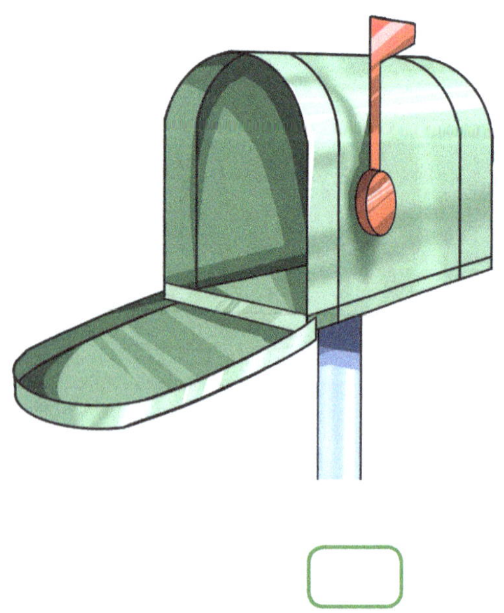

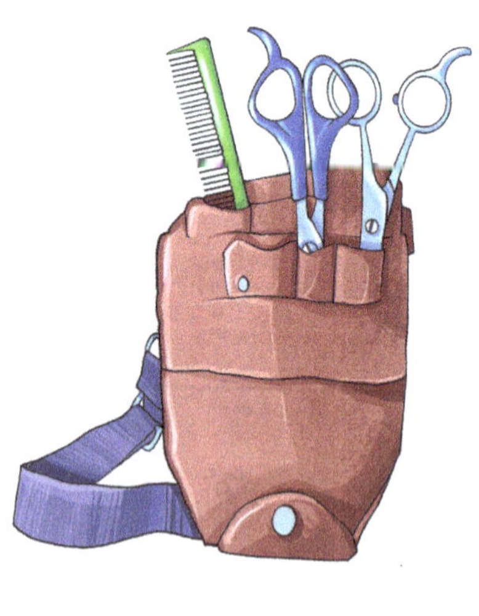

Montrez les mêmes fleurs avec vos deux mains en même temps.

Faites correspondre les images des arbres en fonction des saisons.

20

Trouvez et marquez à quels symboles ressemblent les fourmis ci-dessus.

U

N

Trouvez et marquez combien d'ananas il y a sur l'image.

Trouvez et marquez à quel animal appartient la trace laissée
sur la neige.

Trouvez et marquez combien de créatures vivantes il y a sur l'image.

L'artiste a oublié de peindre certaines parties du tableau. Complétez la peinture de chaque objet et associez-les en regardant les images.

Trouvez et marquez lequel est rapide.

Trouvez et marquez combien de cochons il y a sur l'image.

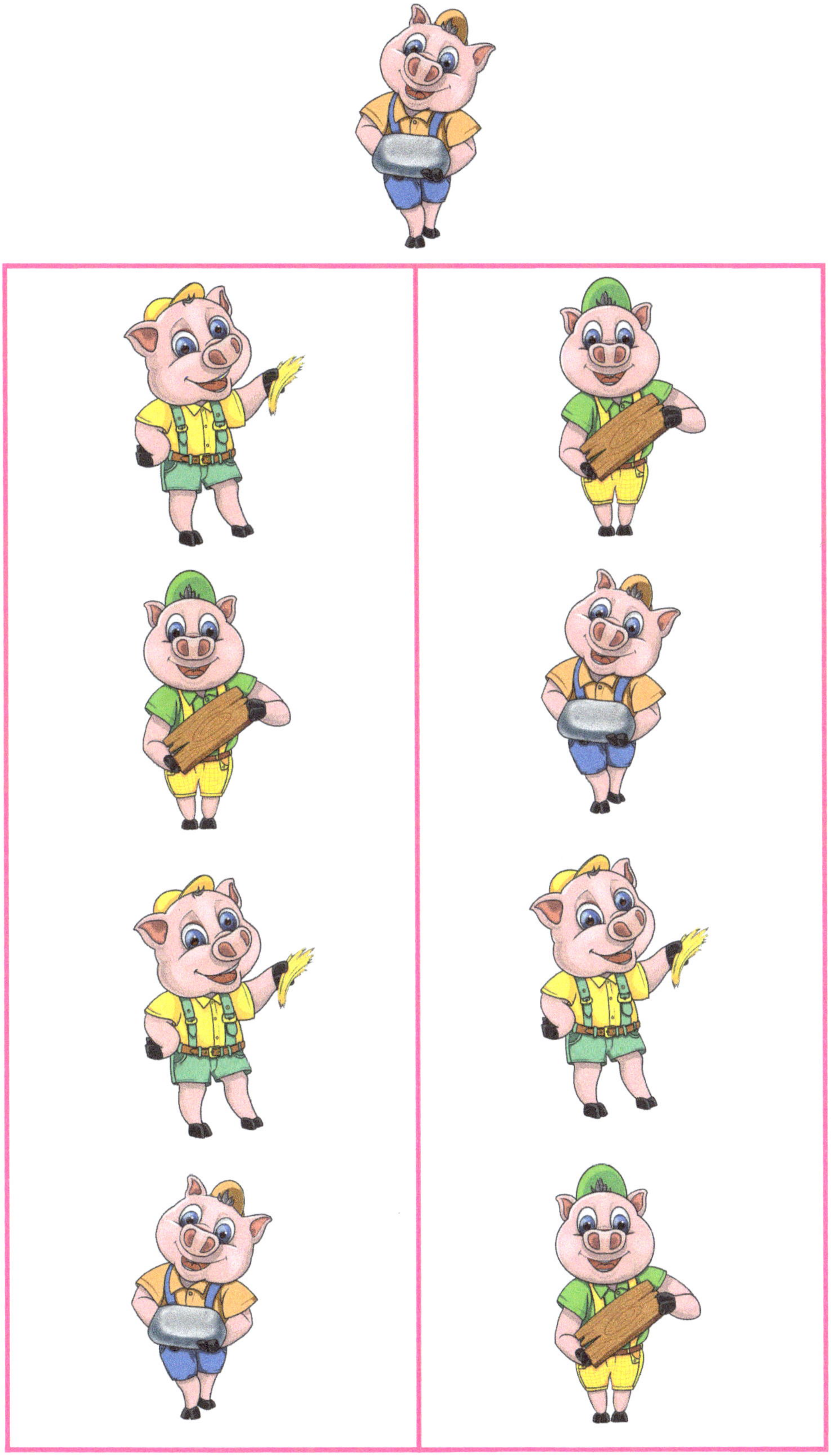

Trouvez et marquez lequel est impair.

Trouvez et marquez à quels symboles la route ressemble ci-dessus.

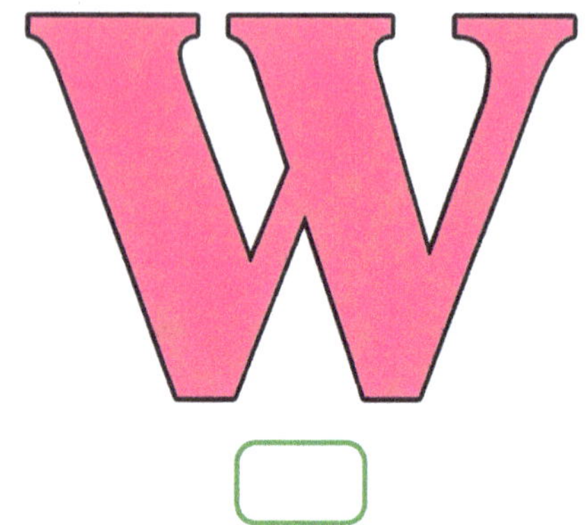

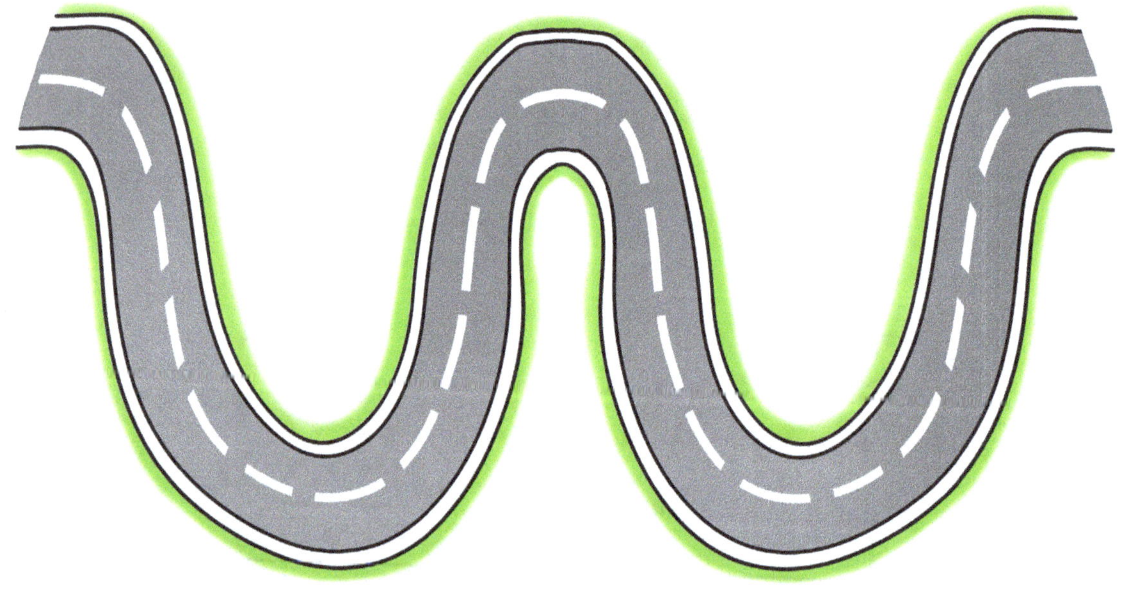

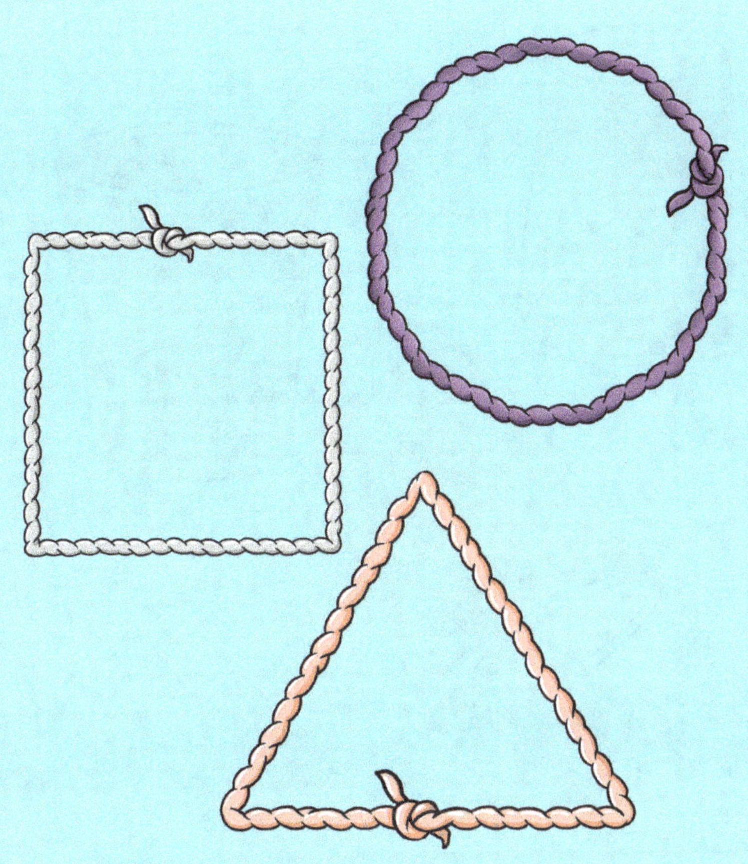

Instruction: Trois ou quatre types de fils de couleurs différentes sont préparés sur environ un demi-mètre. L'enfant est représenté au sol en train de façonner les fils et on lui demande de réaliser la même forme que le fil.

Suggestion: Fils d'un demi-mètre de différentes couleurs.

Instruction: Prenez cinq gobelets en papier et disposez-les à l'envers. Mettez l'un des plus petits jouets de l'enfant sous l'une de ces tasses. Mélangez le tout devant l'enfant. Laissez votre enfant deviner la tasse où est caché son jouet.

Suggestion: Gobelets en papier et balles de ping-pong.